Mut zum Leben

Mut zum Losgehen

Das Ziel ist klar,
der Weg bereitet.
Also los,
aber sicher.

Band 3

Karin Hartel

die einfach losschreibt
ohne lang zu überlegen,
schreibt was aus
dem Herzen kommt
von A bis Z

Impressum:
Verlag:
BoD · Books on Demand GmbH,
In de Tarpen 42, 22848 Norderstedt,
bod@bod.de
Druck:
Libri Plureos GmbH, Friedensallee 273,
22763 Hamburg
ISBN: 978-3-7693-3888-1
2.Auflage März 2025

www.kunstvomhof.de

kaha.bsb@t-online.de

Dieses Buch ist auch als E-book erhältlich

Bilder: Anita Hatfield

Einige der Originalbilder,
kann man noch kaufen,
in Farbe natürlich.

Mut zum Leben

Altes Leid

Das Baden im Alten,
im alten Leid,
ist wie das freiwillige
Eintauchen in die Hölle.

Das Betrachten von
Vergangenem,
mit Humor und Respekt,
kann mehr als hilfreich sein.

Mut, aus dem Bad
zu steigen,
um hinter den Ohren
zu trocknen.

Alles hat seinen Preis

Das Leben bringt das Altern.
Erst die Krankheit
macht den wirklichen Wert
der Gesundheit
erlebbar.
Verlust zeigt
was wirklich
ein Gewinn war.

Mut,
ehrlich
seine Schulden
zu begleichen.

Aufraffen

Aufraffen
Es raus schaffen
Ins Freie treten
sich tragen lassen

Mut,

sich auch mal

aufraffen zu lassen.

Bemühen

Vergeben und Vergessen,

kann mir Jesus nur schenken.

Ich habe es probiert.

Alleine, ohne SEINE Hilfe.

Vergebens.

Wieder werfe ich IHM

meine Verletzungen vor die Füße.

Gut verschnürt, harmlos aussehend,

wie Geschenke,

dabei so giftig, so menschenverachtend,

so lieblos.

Karin Hartel 21.Juli 2024
für die Autorin Lisa Osterheld
die mir ein Vorbild ist

Bevollmächtigt

Ich lese Rilke,
ich atme Hesse,
ein und aus
und muss doch
Eignes schreiben.

Wenn ich auch manchmal
nicht verstehe,
was einer dieser Herren meint,
bin ich als Frau darauf versessen,
meinen Senf dazu zu geben,
wenn auch die Wurst
ein andrer isst.

Der Heinz,
der Ehrhard,
müsste leiden,
wenn er mein Büchlein
lesen müsst.
Er würde sicher drüber reden,
vielleicht vor großem Publikum.B

Die Blumentante

Wilma war nur mal kurz ins Krankenhaus gegangen um ihre Nachbarin zu besuchen. Natürlich hatte sie ihr einen Blumenstrauß aus dem eigenen Garten mitgebracht. Natürlich hatte sie die Blumenvase dazu vergessen, beziehungsweise vergessen, dass man sie im Krankenhaus brauchen würde.

Und so kam es, dass sie zuerst die Blumenvasen suchte, dabei auf eine verzweifelte Krankenschwester stieß, die ärgerlich auf den Blumenstrauß starrte: „Wie sollen wir uns auch noch um all die Blumen kümmern."

Wie sollen wir uns auch noch um die Blumen kümmern?

Und so kam es, dass Wilma, während sie im Krankenzimmer der Nachbarin war, aufmerksam die Blumen der vorhandenen Blumensträuße ansah.

Der frische Strauß aus dem eigenen Garten war eine Erholung für die Augen. Die halb verwelkten Blumensträuße auf den Nachttischen, dem Tisch in der Mitte und der Fensterbank waren wirklich nicht mehr schön, obwohl einzelne Blumen noch zauberhaft waren.

Kurzerhand besorgte sie sich einen Rollwagen von der Stationsschwester und brachte alle Sträuße in den Arbeitsraum. Dort wusch sie die Blumenvasen aus, sortierte die Blumen aus und drapierte sie neu.

Erstaunlich Vieles war dafür geeignet getrocknet zu werden. Das band sie zu kleinen Sträußen, die sie umgekehrt an einer Schnur auffädelte.

Die Schwestern waren begeistert, weil sie auch das Regal mit den Blumenvasen säuberte und aufräumte.

Freudig gaben sie ihr alles, was Wilma
benötigte. Als sie die Blumen im
Krankenzimmer zurück brachte, war die
Freude über die Rettungsaktion groß.

Die Bettnachbarin ihrer Nachbarin wies
sie darauf hin, dass man von der ein oder
anderen Blume sogar Stecklinge machen
könne. Zum Beispiel von den Duftrosen.

Das hatte Wilma nicht gewusst, danke
für die Aufklärung und versprach genau
das zu probieren.

Der Tag war im Fluge vergangen und sie
hatte so viele nette Gespräche geführt.
Das Gefühl der Kollegialität mit den
Krankenschwestern tat ihr besonders
gut, denn seit sie in Rente war,
fehlte ihr das besonders.

Am nächsten Tag kam sie wieder,
um sich um die Blumen aus anderen
Krankenzimmern zu kümmern.

Der Blumenschmuck der Station wurde
so zur Freude für alle. Und damit war
noch lange nicht das Ende der Aktion
erreicht. Die Idee sprach sich herum und
bald hatte jede Station im Krankenhaus
eine Blumenbetreuerin.

Mut, anzupacken
wo es Sinn macht.

Du hast wohl
Deine Gründe

Du hast mir nie
was Böses getan

Du hast mich
nur verlassen

Du hast wohl
Deine Gründe

Und es geht mich
sehr viel an

Mut, Verletzung
zu zeigen.

Bunt

Deine Farbe war bunt.
Du konntest dich nicht entscheiden.

Dein Leben war kurz.
Du hast das Beste daraus gemacht.

Meine Freundschaft zu dir war leicht.
Du warst immer fröhlich.

Für Isabel Baysöz
und ihre wunderbaren Kinder

Dankbarkeit

Dankbarkeit erfüllt mein Denken
macht der Körper auch mal schlapp.

Dankbarkeit erzeugt Geschichten
die man gern erzählen will.

Dankbarkeit kennt keine Grenzen
meint man, nur im ersten Moment.

Dankbarkeit im rechten Maß
sorgt für Harmonie und Spaß.

Mut zum
rechten Maß.

Das Bild meines Vaters

Das Bild meines Vaters,
lasse ich mir nicht nehmen.

Ich lasse nicht zu,
das jemand Farben einfügt,
die es nie gab.

Auch kratzen darf
niemand daran.

Niemand darf den
Hintergrund offen legen,
der bisher vergessen war.

Mut, am alten
Glauben zu hängen.

Die Mutterliebe

Die Mutterliebe
sollte so natürlich sein
wie das Atmen.

Man sollte Unterricht nehmen,
in Menschlichkeit,
bevor man Mutter wird.

Würde das ausreichen,
um Kinderleid
zu vermeiden?

Mut, vermeintlich
Natürliches
in Frage zu stellen.

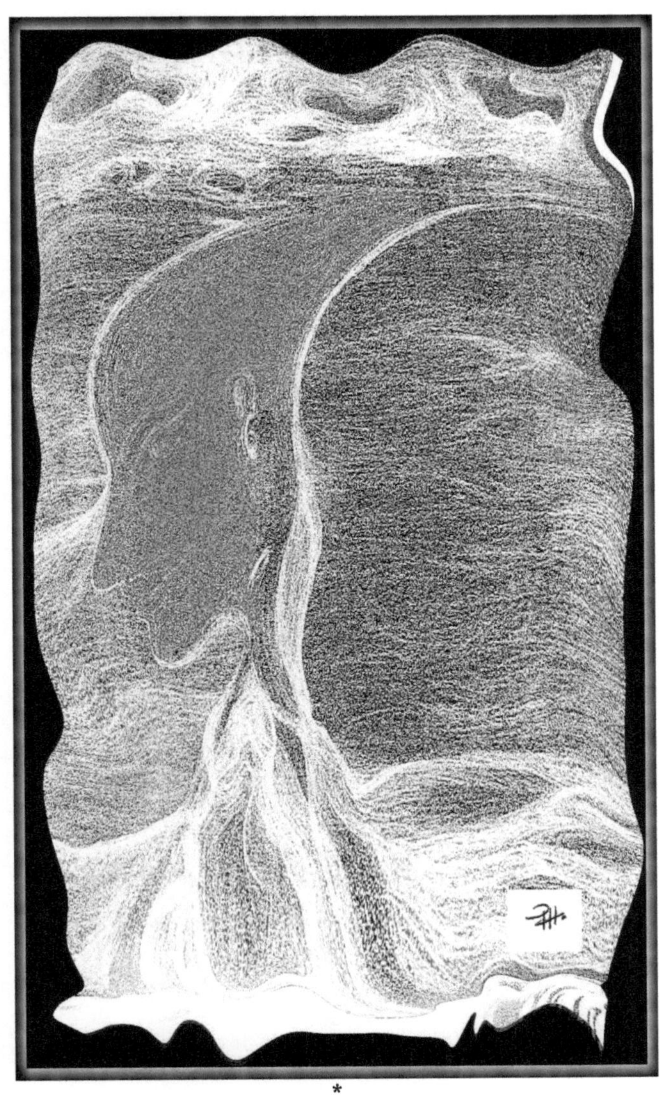

Frau mir Ohrring in Stein gemeißelt.

Einfach nehmen

Das Gute
einfach nehmen
nutzen was da ist.

Das Selbstverständliche
einfach nehmen
nicht kompliziert machen.

Das Nächstliegende
einfach nehmen
und das Beste daraus machen.

Mut,
einfach zu nehmen
und nicht immer nur
zu geben.

Ernährung

Du nährst mich
mit Deinem Lob.

Du nährst mich
mit guten, ehrlichen Worten.

Du nährst mich
wie ER, der große Gott
es sich wohl gedacht hat.

Mut, zu loben,

was lobenswert ist.

Eine Sekunde

Eine Sekunde
glücklich sein

und sich in der
nächsten Sekunde

über das gerade
Erlebte freuen,

so verdoppelt
sich Glück,
fast von selbst.

Mut, zur

doppelten

Freude.

Freind

Was verbindet eine Freundschaft fester,
als ein gemeinsamer Feind?

Echtes!
Wahres!
Gutes!
Sinnvolles!

Mut,

dem Feindbild

freundlich

ins Gesicht

zu sehen.

Fassungslos

Fassungslos gestammelt
Worte der Verteidigung
wo Anklage
angebracht
gewesen
wäre

Fassungslos geweint
Tränen des Zorn
über die
Unfähigkeit
Klartext zu reden

Fassungslos
aber nicht hilflos
hingeschaut
zu dem was gewesen
besser sich dem zuwenden
was kommen soll

Fassungslos
die wunderbaren
Wendungen des
Schicksals
begrüßen

Grenzenlos
glücklich
ohne Fassung
vollkommen frei

Mut, zur
fassungslosen
Echtheit

Fehler

Seit ich mich über
meine Fehler
nicht mehr
maßlos ärgere,
kann ich mehr
und mehr
auf sie verzichten.

Mutig

zu meinen

Fehlern stehen.

Fehler bewusst einbauen

Im Bemühen
nicht mehr krankhafte
Perfektion zu leben,
darf man auch mal
bewusst Fehler
einbauen.

Spannend,
ob es jemand
merkt.

Noch spannender,
ob es mir jemand
sagt!

Mutig Spannung
aushalten.

Fehler x Fehler

Wenn man einen Fehler
mit einem anderen
Fehler multipliziert,
ist das Ergebnis
nicht immer positiv.

Mut, die Fehler
stehen zu lassen,
bis sich eine
fehlerfreie
Alternative
bietet.

GrenzNähe

Wer seine Grenzen
klar macht,
kann Nähe zulassen.

Wer begrenzte Nähe
zulassen kann,
kann sich in Farben baden,
sie werden ihn nicht ungewollte
einfärben.

Geheimer Ort

Geheimer Ort,
an dem die Gedanken fließen,
wie klares Wasser.

Geheimer Ort,
an dem ich ganz ich bin,
mit herunter gelassener Hose.

Geheimer Ort,
an dem es manchmal stinkt.

Mut, sich auch an geheimen Orten
mit Gott zu unterhalten.

Gutmensch

Wer auf Luxus verzichtet
nur um ein Gutmensch zu sein,
der ist blöd.

Wer aber verzichtet
um Freiheit zu erlangen,
sich losmacht vom Habenwollen,
der wird klug.

Mut, einfach nur
Mensch zu sein.

Glaubwürdig

Glaubwürdige Menschen
helfen mir,
meinen Glauben
nicht zu verlieren.

Meinen Glauben an Gott,
an die Menschlichkeit,
an den Sinn des Lebens,
an mich.

Mut,

mit Würde

zu glauben.

Nichts

verstecken.

Stück für die kleine Bühne
Kaffeeklatsch

Westerstede
3 Paare am Tisch
6 Fahrräder vor der Tür
Regen
Streit
Die Fetzen fliegen
das ganze Cafe hört zu,
nimmt Partei,
bietet Hilfe an.

Die Frau, die sich wehrt bekommt ein
Taxi und die Adresse vom Anwalt.
Der Mann, der Verlassenen wird, von
einem fremden Mann mit in die nächste
Kneipe genommen, damit er seinen
Eheschmerz verkraften kann.

Alle anderen sprachlos
nun gibt es zwei Fahrräder zu viel.
Ein Pärchen vom Nebentisch bietet an,
die Fahrräder zu übernehmen für ein
kleines Entgelt, mit dem die Zeche

bezahlt wird. Und es geht ja nicht nur
um die Zeche sondern um das Geschirr,
das bei dem Streit zu Bruch ging und das
Bild an der Wand, an dem nun die
Sahnetorte hängt.

5.9.24 Land Lebe Café Westerstede
Die auslösenden Personen für die Geschichte
waren nett und harmlos,
alles war gut, ich schwöre.
Aber draußen tobte ein Unwetter
und aus Langeweile schreibt man ja
manchmal die tollsten Dinge.

Mut zur Fantasie.

Leergeredet

Leergeredet auf der Lesung
die so wunderbar sie war,
doch ganz viel Kraft gekostet hat.

Leergeredet
im abendlichen Garten
mit zauberhaften Gästen
und einem Überraschungsgast.

Leergeredet
verstummt für Tage
bis zur Unhöflichkeit unfähig
hörbare Worte zu bilden.

Nach der Lesung im Garten Hilfer 2024

Mut,

sich der Leere

zu ergeben.

Frieden

Wer mit sich im Reinen ist,
der kann in Frieden gehen.

Wer mit sich in Frieden ist,
hat das höchste Ziel erreicht.

Mut, in Frieden
auf den Tod
zu warten.

Gartenstolz

Wer stolz zu
übertrumpfen sucht,
den schönen Nachbargarten,
verliert die Gartenfreude.

Wer stolz ist
auf das wilde Schöne,
es teilt und als Geschenk betrachtet,
gewinnt in seinem Leben.

Wer zufrieden ist
mit dem was möglich
und stressfrei machbar ist,
der kann Entspannung finden,
und so manche Früchte,
die er nicht gesät hat.

Mut, stolz zu sein,
auch wenn es dem
Nachbarn nicht gefällt.

Gnade

Sei gnädig mit Dir,
auch wenn Du
als Kind gelernt hast
gnadenlos perfekt zu sein.

Mut, gnadenvoll
und unperfekt
zu sein.

Lob

Auch beim Loben
muss man das rechte Maß
erkennen, benutzen,
genießen.

Mut zum Loben,

auch wenn der

Gelobte,

eventuell,

dann einen

Höhenflug

erlebt.

Naturgarten

Natur
gebändigt oder wild
sie bleibt Natur
und macht
was sie will

Mut,
dem Natürlichen
seinen Lauf
zu lassen.

Naturkopie

Verzaubert ging ich durch den Garten,
verregnet voller Herrlichkeit.

Wie tausende von Diamanten
so glitzern sie, die klaren Tropfen.

Das ist so schön, das will ich zeigen,
den Freunden nah und fern.

Die Kamera gezückt und draufgehalten,
im festen Willen festzuhalten,
was man nicht halten kann.

Die Bilder lehren mich die Demut,
das man die wahre Schönheit der Natur
niemals kopieren kann.

Mut zur Demut

Nebenbei

Ganz nebenbei
fand ich das Glück
konnt es erst nicht fassen

Zu unbekannt
war das Gefühl
ich hatte Magenkneifen

Und Schmetterlinge
hatte ich auch
im Bauch, im Kopf,
im kleinen Zeh

Ganz nebenbei
ergriff ich es

Begriffen habe ich
mein Glück
ganz nebenbei
erst jetzt

Der böse Nachbar

Der böse Nachbar ist endlich im
Friedwald. Silke entspannt sich,
sobald sie daran denkt.

Doch noch überlegt sie,
bevor sie die Küchenmaschine
einschaltet oder Badewasser einlaufen
lässt, ob sie das um die Uhrzeit darf.
Auch der Staubsauger war ihm zu laut,
dem ständig Nörgelndem, dem ewig
Unzufriedenen, dem unglaublich
Bösartigem, vor dem alle
im Haus Angst hatten.

Endlich ist er im Friedwald.
Wer war nur auf die bescheuerte Idee
gekommen. Ihn einzuäschern war okay
gewesen. Sie hatte an der Einäscherung
teilgenommen um seine Tochter zu
begleiten, die vor innerer Versteifung
kaum noch Laufen konnte.
Dabei war auch sie eigentlich froh,
dass der Alte endlich Ruhe gab.

Zur Beisetzung im Friedwald waren sie beide nicht gegangen, sondern hatten in der zu räumenden Wohnung aufgeräumt.

Die Tochter hatte Silke gebeten ihr zu helfen bei der Suche nach dem Testament, das es hoffentlich geben würde, damit sie nicht auch noch mit dem Bruder streiten würde, dem Bruder der im Moment gar nicht auffindbar war.

Der Bruder, der sich vor Jahren abgeseilt hatte um sein Leben ungestört führen zu können. Der Bruder, dem eigentlich die Hälfte zustand von allem, was vom dem Alten geblieben war, der Alte, von dem alle glaubten, er habe nicht viel.

Die Tochter vermutete, dass da Viel sein müsse, all das, was von ihrer Mutter stammte, der wunderbaren Frau, die sich schon früh das Leben nahm,

weil die die Realität nicht ertragen
konnte und weil man sich zu ihrer Zeit
nicht einfach scheiden ließ.
Sie war still gegangen.

Das Einzige, das man ihr ankreiden
konnte, war, dass sie ihre zwei Kinder
schutzlos dem Vater überlassen hatte.

Nun also suchte die Tochter nach der
Auflösung. Sie traute sich kaum eine
Schublade zu öffnen, denn das war ihr
von Kindesbeinen an verboten worden.

Deshalb hatte sie die Nachbarin Silke
gebeten, ihr zu helfen. Die war zwar
auch ängstlich und zuckte auch
zusammen, wenn sie ein Geräusch
vernahmen in der dunklen, ungelüfteten
Wohnung. Schon das Ticken der
Wanduhr machte beide nervös.

Silke hielt den messingfarbenen Pendel
an, doch dadurch war das Summen des

Kühlschranks nur noch lauter zu hören.
Ein ekelhaftes, hohes Pfeifen, das
regelmäßig in ein Zischen überging.

Bevor Silke den Stecker des Gerätes aus
der Steckdose zog, schaute sie hinein in
ein kühlen Fastnichts. Es war fast nichts
drin, doch das warf sie vorsichtshalber
gleich in den Müll und ließ die Türe des
Gerätes ein wenig offen, damit sich darin
kein Schimmel bilden würde. Vielleicht
hatte das Sozialamt Verwendung für das
funktionierende Gerät, auch wenn es
seltsame Töne machte.

Während dessen stand die Tochter wie
verloren mitten im Wohnzimmer und
wagte sich nicht Platz zu nehmen auf
den verhassten Möbeln ihrer Kindheit.

Nichts hatte sich hier verändert.
Es war Silke, die an dem massigen
Wohnzimmerschrank eine Schublade
nach der anderen aufzog.

Sie hatte richtig vermutet. Hier lagerten
fein säuberlich Fotos und Papiere.
Er hatte Buch geführt über alles
Mögliche und Unmögliche.

Es gab ein Buch über den Sohn und die
Tochter, aber auch über jeden Nachbarn
hatte er eine Kladde geführt.

Silke und die Tochter vermuteten das
Schlimmste doch wurden sie eines
Besseren belehrt. In den Notizbüchern
war fein säuberlich vermerkt,
was es Gutes an dem jeweiligen
Menschen zu finden gab.

Es gab auch ein Testament.
Das lehrte die beiden Frauen erst recht
das Staunen, denn er hatte sein Erbe in
so viele Teile geteilt, wie er Menschen
tyrannisiert hatte.

Je nach dem Maß der Qual, die er glaubte verursacht zu haben, bedachte er jeden mit einer passenden Summe. Fein säuberlich hatte er aufgelistet, was er wem angetan hatte in seinem, wie er selbst schrieb, zu langem Leben.

Mut,
das Aufzuschreiben,
was man nicht
aussprechen kann.

Ohhh weh

Oh weh,
ich habe wieder mal vergessen,
dass ich nicht
der Mittelpunkt der Erde bin.

Oh weh,
da hab ich mich benommen,
wie man es
nie nicht tuen soll.

Oh je,
das wird wohl nichts mehr werden,
mit dem „perfekt" sein wollen,
in diesem kleinen Leben.

Oh ja,
im nächsten,
da wird alles besser
und sogar gut.

Mut, humorvoll zu sein.

Planvoll leben

Ich mach mir einen Plan
auch wenn ich ihn
leicht umstoßen kann.

Ich mach mir einen Plan
auch wenn er
nicht perfekt sein kann.

Ich mach mir einen Lebensplan
obwohl ich auch planlos
glücklich bin.

Mutig
Pläne machen,
um sie auch wieder
lassen zu können.

Reimen

Nicht alles
muss sich reimen
um ein
Gedicht zu sein.

Der Reim
an sich ist reinlich
nicht immer
ein Gedicht.

Mut,

mit Worten

zu spielen,

wie mit einem

Ball.

Mein wahr gewordener Traum:

Morganhorse Cuty

Sichern

Manchmal muss man
etwas loslassen,
um das Wichtigere
zu sichern.

*

Bildtitel: Embryo

Mutig loslassen.

Sich fühlen

Ich fühle mich
in der Begegnung mit Dir.

Ich fühle mich
in meiner Liebesfähigkeit.

Ich fühle mich
in der Bereitschaft zu geben.

Ich spiegel mich in Dir,
erkenne Gemeinsamkeit.

Was ich sehe gefällt, tut gut,
macht Hoffnung.

Mut,

sich zu fühlen.

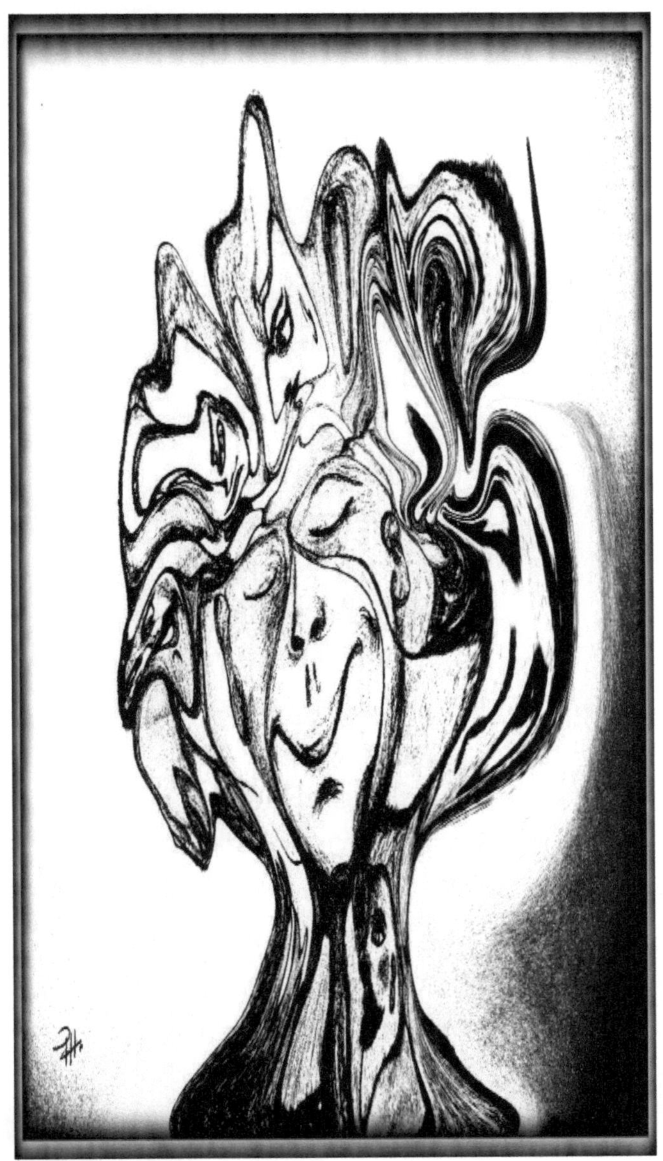

Schweigen

Einfach weggehen
doch wohin mit der Wut
nach dem Angriff

Schweigen
Schlucken
Retourkutsche
einparken

Schweigen
dem Frieden
Raum geben

Einen Raum
der Wortlosigkeit

Wort los schweigen
Echtes Schweigen
verbreitet Frieden
mit jeder Geste

Wortlos reicht nicht
Schweigen mit dem Körper
Frieden verbreitet sich
in friedvollen Wellen
um mich herum

Schweigen

Wer lange schweigt
hat viel zu sagen.

Mut

zum Schweigen.

Sich mögen

Eigentlich würde ich
mich gerne mögen,
aber das tut man nicht,
hat Mutter gesagt,
dabei stand in
der Bibel,
Du sollst Deinen
Nächsten lieben
wie Dich selbst.

Mut,
Dinge anders
zu machen,
als Mutter das will.

Sinn des Spiels

Der Sinn des Spiels
ist nicht das Gewinnen,
sondern das Spielen.

Doch sogar das Zuschauen
kann sinnvoll sein.

Mutig spielen,
ohne Verbissenheit.

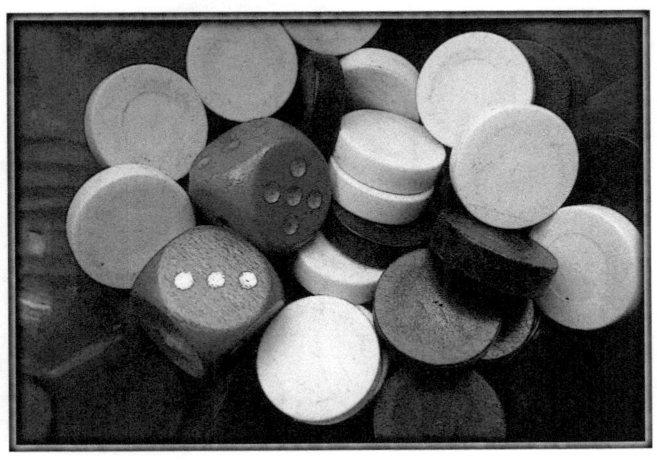

Selbstbetrug

Wer sich selbst betrügt,
betrügt auch andere.

Mut, sich selbst
zu zeigen,
wer man ist.

Taubengurren

Das Gurren der Tauben
es klingt mir im Ohr
wie Zuckerwatte.

Verlockende Töne
Versprechen auf mehr
Mehr Gutes im Leben.

Mut,

genau

hinzuhören,

ob man der

Versuchung

erliegen will.

Tränen

Tränen trocknen
trocknen lassen
wegküssen
vom Wind
davon tragen lassen

Mut,

sich dem

Guten zu

überlassen.

Übergelaufen

Übergelaufen
von all den Informationen
ist das Gehirn

Es hat abgeschaltet
ausgeschaltet
auf Automatik geschaltet

Entlastung geschaffen
Veränderung erzwungen
Neubeginn ermöglicht

Mut zum
Neubeginn

Überwinden

Überwinden
Widerstand
Gegenwind

sich dagegen
lehnen
auflehnen

nicht aufgeben
aushalten
überwinden

Mut,

zum

Auflehnen.

Anita Hatfield

Überspringen

Über den eigenen
Schatten springen.

Unmögliches tun.

Naturgesetze aufheben.

An Wunder glauben.

Mut, Unmöglichen
zu den unmöglichsten
Zeiten zu tun.

Unperfekt

Wenn ich warte
bis mein Können
perfekt ist,
werde ich nie fertig,
werde ich nie
ein Buch veröffentlichen,
nie zufrieden sein.

Mut,

unperfekt

zu sein

und das

auch zu zeigen.

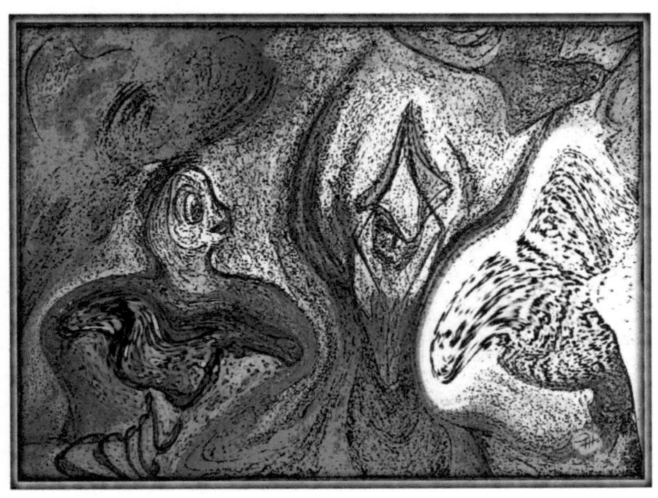

Umdenken

Um zu Denken,
richtig zu denken,
muss man manchmal
Umwege denken,
die man gar nicht
gehen wollte.

Mut, auch mal
Umwege zu gehen.

Verlogenheit

Wenn ich die Verlogenheit
eines Menschen ergründen will,
bringt mich das nicht weiter.

Mich vor dem Lügner
in Sicherheit zu bringen
und ihn mit allen Mitteln
von mir fern zu halten,
das ist wichtig.

Mut, Lügen aufzudecken.

Veränderung

Angst vor Veränderung
hat nur der,
der noch nicht weiß,
was Leben ist.

Mut,

sich zu verändern.

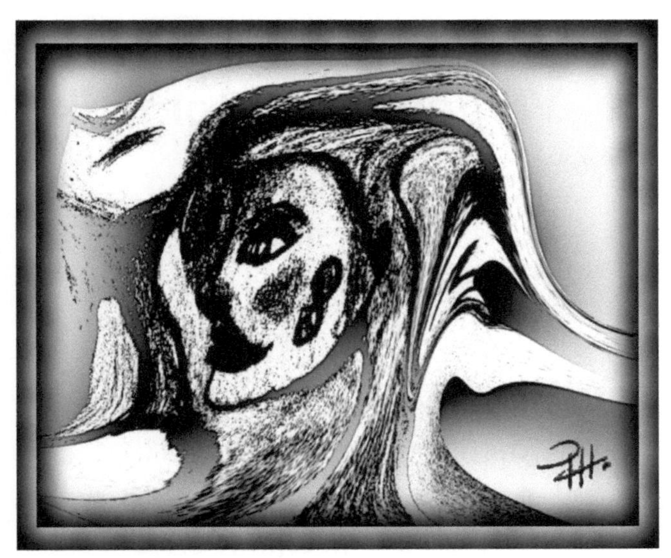

Vergangenheit

Wenn es Mut braucht
auf Deine
Vergangenheit zu sehen,
schau selten zurück
und mutig nach vorn.

Mut, Vergangenes
einfach gehen zu lassen.

Vergebungsautomatik

Ich vergebe Dir,
damit mir vergeben wird.

Ich vergebe Dir,
damit ich mir vergeben kann.

Wir vergeben uns,
damit wir lastenfrei werden.

Mut, gemeinsam
Unmögliches
zu probieren.

Vogelstimmen

Ich höre die Stimmen der Vögel,
bade mich in ihrem Konzert.

Kein Eintrittsgeld war fällig,
nur williges Öffnen des Ohrs.

Mut, sich und

seine Ohren zu öffnen.

Vergessene Zeit

Wer sich ein Bild ermalt,
in liebevoller Kleinarbeit,
wer ganz versinkt in einer Tätigkeit,
die sinnlos erscheint,
der darf die Zeit vergessen.

Mut, aus einem Löwenmäulchen

eine Seerose zu basteln.

Warum ?
hat es nicht geklappt,
das Leben, das einfache Leben?

Warum
ging der Plan nicht auf,
der gute, geniale Masterplan?

Warum
fehlt die Kraft, wenn Zeit wäre,
warum die Ideen in Zeiten der Kraft?

Warum?
Ist eine blöde Frage,
auf die es keine Antwort gibt!

Mut, nicht nach

dem Warum

zu fragen.

Wie gewonnen,
so zerronnen

Von der Unfähigkeit
an das Gute zu glauben

Ein Anruf:
Sie haben im Lotto gewonnen.
Sie legt auf, legt einfach auf, schimpft.

Ein Brief an sie persönlich.
Dort steht es, schwarz auf weiß:
Sie hat im Lotto gewonnen.
Anna zerreißt den Brief, schimpft,
dass der Absender nur Dumme sucht,
die er hereinlegen kann.

Die Summe auf ihrem Kontoauszug
macht sie starr vor Schreck
5.000.349,99 €.
Sie geht zum Bankschalter um
den Betrug zu melden, doch die
Bankangestellte gratuliert ihr,

freut sich für sie, freut sich, so etwas in
ihrer Filiale zu erleben. Gibt Anna den
Rat, mit niemanden darüber zu reden.

Sie kann es nicht glauben.
„So Du glaubst, so dir geschieht.“
Stand das nicht so in der Bibel
Zumindest hatte ihre Mutter den Satz
oft zitiert und die hatte all ihr Wissen
aus dem alten Buch.

Anna fährt direkt zur Polizei und legt
dort ihre Kontoauszüge auf den Tisch.
„Ist das ein Fall von Geldwäsche?“
fragt sie den Beamten.

Der telefoniert mit irgendeiner Zentrale,
macht ein sehr ernstes Gesicht und führt
sie in ein Verhörzimmer. Zumindest sieht
es für sie so aus.

„Es ist ernst. Sie werden da wirklich
in ein Geldwäschegeschäft
hineingezogen.“

Anna schwitzt: „Ja, aber ich habe damit nichts zu tun. Ich schwöre.“

Der Beamte lächelt sie an: „Ich glaube ihnen, aber ob das mein Vorgesetzter auch so sieht?“

Anna stöhnt:
„Gibt es da gar keinen Ausweg?“

Der stämmige, etwas schmierige Beamte überlegt angestrengt. Zumindest sieht es für sein Gegenüber so aus. „Na ja, man könnte das Geld auf ein neutrales Konto überweisen und ich melde den Fall erst dann weiter.“

„Das würden sie für mich tun?“ Anna steht die Erleichterung nur zu deutlich ins Gesicht geschrieben.

„Aber dann müssen wir schnell handeln.“ Sichtlich mühsam erhebt sich der Polizist. Streicht seine Uniform glatt

und ohne weitere Worte folgt ihm Anna
auf den Parkplatz.

„Wir nehmen ein Auto der
Kriminalbeamten, das fällt nicht so auf."
Anna steigt in einen braunen Volvo und
wundert sich: „So alte Autos sind noch
im Einsatz?" „Ja, zur Tarnung."

Gemeinsam fahren sie zur Bank und
überweisen das Geld auf ein
Nummernkonto in der Schweiz.

„Es wäre gut, wenn sie sich für
mindestens achtundvierzig Stunden in
einem Hotel verstecken würden, falls
man eine Fahndung einleitet, bevor ich
die Sache klären konnte."

Und so bezieht Anna ein schönes
Zimmer im besten Hotel der Stadt,
denn der Beamte hat ihr gesagt,
dass die Staatskasse die Kosten
übernehmen wird.

Wichtig ist nur, dass sie im Zimmer bleibt
und sich nicht sehen lässt. Auch nicht
telefoniert oder ins Internet geht.
„Aber was soll ich denn
zwei Tage lang tun?"

„Lassen sie sich verwöhnen. Der
Wellnessbereich im Hotel ist sicher."

„Aber so was kann ich mir nicht leisten."

„Nur die Ruhe, das regle ich auch für sie.
Schließlich unterstützen sie ja die Polizei
bei wichtigen Ermittlungen."

So beruhigt beginnt Anna ihren
ungewollten Urlaub in einem
wirklich guten Hotel.

Der Mann in dem alten, braunen Volvo
atmet auf, fährt direkt zum Flughafen
und bucht einen Flug in die Schweiz.

Man hörte nie mehr etwas von ihm,
dafür konnte man Annas Geschichte
bald in jeder Zeitung lesen:
Wie gewonnen, so zerronnen!

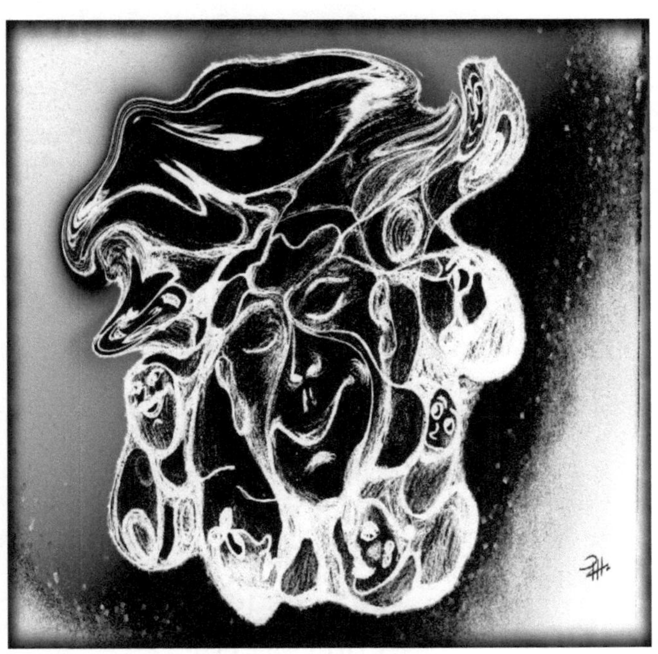

Widerspruch

Widerspruch
immer wieder
und wieder
und wieder,
wenn Unrecht
geschieht.

Widerspruch

Ich widerspreche
dem Blöden,
der kluge Reden
schwingen will.

Ich widerspreche
dem Bösen,
der vermeintlich
Gutes tut.

Ich widerspreche
mit selber,
wenn ich
Bullshit rede.

Mut, widerborstig
zu sein, wenn es sein muss.

Zum Schluss Dankbarkeit

Danke, meiner Schwester
Anita Hatfield, die auch Freundin ist,
www.lektorat-waldeule.de
die mich unterweist,
meinem näheren Umfeld
für Geduld und Rücksicht,
meinen Ärzten und Therapeuten.
Und dank an alle Leser/innen.
Wer das Inhaltsverzeichnis haben
möchte, bekommt das per Email.
Wen die echten Farben eines Bildes
interessiert oder die Geschichte zu
einem Bild, der sende mir eine Nachricht.
Die Antwort wird vermutlich schön bunt
und mit Sicherheit nicht langatmig sein.

Zähigkeit

Nichts ist so zäh
wie alte Gewohnheiten.

Mut,

sich sechs Wochen lang

zu quälen,

um neues Verhalten

zu üben,

um sich den

Rest des Lebens

an der Verbesserung

zu freuen.

Beim Verlag BoD sind noch viele weitere,
kleine Bücher von mir erschienen

und es werden jährlich mehr.

Im Dialog leben

Der Dichter lebt nicht nur vom Brot,

er lebt auch von den Worten,

die man ihm schenkt.

Die Dichterin mag lieber Pommes,

rot – weiß und eine Wurst dabei,

doch braucht auch sie

die Reaktionen

des Publikums

ob fern ob nah.

Per Email ist am allerliebsten

und stressfrei wird die Antwort

kommen, nicht gleich,

aber mit Sicherheit

kaha.bsb@t-online.de

Und Schluss mit einem Bild von Birgit I.Hartl, die nicht mir mir verwandt ist, sich aber wie eine Schwester anfühlt.

Www.wirretante.de